BEI GRIN MACHT SICH IHR WISSEN BEZAHLT

AF140288

- Wir veröffentlichen Ihre Hausarbeit, Bachelor- und Masterarbeit

- Ihr eigenes eBook und Buch - weltweit in allen wichtigen Shops

- Verdienen Sie an jedem Verkauf

Jetzt bei www.GRIN.com hochladen
und kostenlos publizieren

Bibliografische Information der Deutschen Nationalbibliothek:

Die Deutsche Bibliothek verzeichnet diese Publikation in der Deutschen National-bibliografie; detaillierte bibliografische Daten sind im Internet über http://dnb.d-nb.de/ abrufbar.

Impressum:

Copyright © 2014 GRIN Verlag
Druck und Bindung: Books on Demand GmbH, Norderstedt Germany
ISBN: 9783668626171

Dieses Buch bei GRIN:

https://www.grin.com/document/388566

Anke Koesterke

Die systemische Beratung im Kontext der Wohnungslosenhilfe bei Frauen mit psychischen Beeinträchtigungen

GRIN Verlag

GRIN - Your knowledge has value

Der GRIN Verlag publiziert seit 1998 wissenschaftliche Arbeiten von Studenten, Hochschullehrern und anderen Akademikern als eBook und gedrucktes Buch. Die Verlagswebsite www.grin.com ist die ideale Plattform zur Veröffentlichung von Hausarbeiten, Abschlussarbeiten, wissenschaftlichen Aufsätzen, Dissertationen und Fachbüchern.

Hochschule Esslingen

H 505 Beratung und Bildung

Systemische Beratung

Sommersemester 2014

Systemische Beratung-

Beratung einer Frau im Kontext der Wohnungslosenhilfe

Esslingen 01.07.2014

Anke Kösterke

Inhalt

1. Abkürzungen 3

2. Einleitung 4

3. Theoretischer Einstieg 4

4. Fallbeispiel und Beratungskontext 6

5. Beratungsdialog 8

6. Schluss/ Reflexion 15

7. Literaturverzeichnis 17

1. Abkürzungen

Bsp.	Beispiel
d.h.	das heißt
Etc.	et cetera
Fr.	Frau
usw.	und so weiter
z.B.	zum Beispiel

2. Einleitung

Bei der vorliegenden Hausarbeit möchte ich mich mit der systemischen Beratung im Kontext einer Einrichtung für wohnungslose Frauen beschäftigen. Die Frauen in dieser Einrichtung haben unterschiedliche Krankheitsbilder aufzuweisen. Überwiegend sind sie traumatisiert, zeigen psychische Problematiken/ Krankheiten und starkes Suchtverhalten. Ich möchte mich überwiegend mit einer Frau beschäftigen, die ich während meiner Zeit in der caritativen Einrichtung als Klientin kennengelernt habe. Das Fallbeispiel ist auch dahin angelegt. Zuerst möchte ich mich damit beschäftigen, was eine systemische Beratung ist bzw. wie diese abläuft. Der weitere Punkt wird ein theoretischer Einstieg sein, wo sichtbar werden soll, welche Grundlagen und Grundprinzipien es in der systemischen Beratung gibt. Danach wird es um die konkrete Beratungssituation gehen. Am Ende folgt eine Reflexion über das Beratungsgespräch und meinen eigenen Erfahrungen bzw. wie mich die systemische Beratung angesprochen hat.

3. Theoretischer Einstieg

Zu Beginn möchte ich auf einige Grundlagen der systemischen Beratung eingehen. Der Mensch ist nicht nur auf sich bezogen, sondern auch auf andere. Er ist ein bezogenes Individuum und bewegt sich in verschiedenen hierarchisch geordneten Systemen. Der Mensch ist ein systemisches Lebewesen, da er von sozialen Systemen abhängig ist und sich dazugehörig fühlt. Es gibt eine Vielzahl von Systemen z.B. Familie, Schule Beruf, Freundschaften etc. Das System in welchen die Person lebt besteht aus unterschiedlichen Wechselwirkungen innerhalb. Die Familie hat aber eine sehr große Bedeutung als System. Denn die Familie ist ein soziales System mit einer gemeinsamen Geschichte. Sie bildet eine natürliche Hierarchie. Es besteht eine hohe Rollenflexibilität und einer hohen Affektivität. Eine Familie kann man nicht kündigen, man bleibt immer Teil davon, die Natürlichkeit bleibt erhalten. Ebenso gibt es in Familien natürliche Entwicklungsprozesse wie z.B. das Herauslösen des Kindes zur Selbstständigkeit. Wenn versucht wird diese Auflösungs- Veränderungsprozesse aufzuhalten, kann es zu Symptombildungen kommen. (vgl. Mücke 2003, S. 205-207) Eine Veränderung des einen, führt auch zwangsläufig zur Veränderung aller anderen Elemente im System. Die systemische Sicht kennt keine Täter- Opferrolle. Denn jedes Verhalten macht Sinn und steht in Beziehung zueinander. So versucht eine Person das System aufrecht zu erhalten indem sie ein bestimmtes Symptom oder Verhalten zeigt und somit zum Symptomträger wird.

Sie ist dann nicht das Opfer, sondern macht die Schwierigkeiten z.B. in der Familie sichtbar. Die Person ist dann nicht traurig, sondern sie zeigt sich in bestimmten Momenten so. Symptome machen für die Klientin, Sinn. Dabei ist dies immer Kontext abhängig und treffen in den Wertebereich eines Systems. Symptomträger tragen zusätzlich das System mit sich und sind meist starke Menschen. Sobald Menschen zusammen sind, bilden sie ein System. Dieses ist nicht objektiv für alle gleich sondern immer subjektiv auf jedes einzelne Element bezogen. (vgl. Mücke 2003, S. 25) Systeme sind permanent in Veränderung, sie sind nicht starr. Sie brauchen Stabilität und Flexibilität da sie sonst ins Wanken geraten können. Systeme sind in sich geschlossen und haben ihre eigenen Gesetze.

Systemische Beratung ist ein Beratungsweg, der aus der Familientherapie stammt und davon ausgeht, dass jeder Mensch ein Teil eines Systems ist. Systemisch bedeutet im Sinne der Beratung, dass das zwischenmenschliche System untersucht wird, innerhalb dessen sich der Klient befindet. Die systemische Beratung umfasst dabei eine Reihe von Methoden, die den Problemzustand analysieren, Potenziale und systemische Zusammenhänge aufklären und dem Therapeuten helfen, seinen Klienten zu einer Lösung zu führen. Während die systemische Beratung, Situation und soziales Umfeld eines Betroffenen untersucht, besteht im Rahmen der systemischen Therapie die Möglichkeit, anhand dieser Erkenntnisse therapeutisch einzugreifen. (Vgl. www. systemische-professionalitaet.com) Der Mensch stellt zum einen aber selbst ein autonomes Wesen dar, ist aber auf soziale und ökonomische Systeme angewiesen. Durchgesetzt hat sich vor allem die „kompetenz- ressourcen- und lösungsorientierte Sicht- und Vorgehensweise" (Mücke 2003, S. 26).

Im weiteren Verlauf möchte ich von Klientin sprechen, auch wenn der Begriff häufig in manchen Themengebieten noch mit einem starken hierarchischen Gefälle verbunden ist. Es soll aber kein Gefälle darstellen, sondern Beraterin und zu Beratenden sollen gleichwertig sein. Dies ist mit dem Begriff der Kundin gleich zusetzen, wobei ich diesen im Kontext der Sozialen Arbeit als nicht passend erachte. Die Beraterin orientiert sich an den Kompetenzen und Ressourcen ihrer Klientin. Die Klientin kennt ihr Ziel und weiß bewusst-unbewusst wo ihre Reise hingehen soll. Die Beraterin wirkt nur unterstützend. (vgl. Mücke 2003, S. 220)

Neben dem persönlichen Eindruck vom Gesprächspartner, ist das Setting, das Erste, was das Gegenüber von der Situation wahrnimmt. Das bewusste Herstellen eines Settings hat daher einen nicht zu unterschätzenden Einfluss auf den Verlauf eines Gesprächs. Die Beraterin vermittelt eine gewisse Distanz, die ihm Sicherheit ermöglicht, den Ratsuchenden jedoch auch abschrecken und verunsichern kann.

Berater und Ratsuchender sind einander zugewandt. Dennoch hat jeder die Möglichkeit für sich zu sein, was jedoch auch ein Ausweichen ergeben kann. Die gesamte Aufmerksamkeit des Beraters wird auf den Ratsuchenden fokussiert. Dadurch wird ein intensives Arbeiten ermöglicht, dass unsichere Ratsuchende eventuell auch überfordern kann. Auch der äußere Rahmen hat Einfluss auf ein Gespräch. So macht es einen Unterschied, ob ein Gespräch auf dem Gang, in einem kahlen Raum oder in einem angenehmem Ambiente geführt wird. Dabei unterliegt man leider zuweilen widrigen äußeren Gegebenheiten. (vgl. www. Hahnzog.de) Die zeitliche Dauer eines Beratungsgespräches umfasst im Durchschnitt ca. 80-90 Minuten. Nicht nur das die Klientin ein greifbares Ergebnis hat, sondern dass ich als Beraterin mit Wohlergehen aus der Sitzung kommen kann. Der Abstand der Sitzungen ist sehr unterschiedlich, jedoch ist es in der systemischen Therapie eher typisch, dass es eher lange zeitlich Abstände gibt. Die Klientinnen können mehr auf ihre eigenen Ressourcen und Fähigkeiten vertrauen. Sie lernen, dass die Veränderungen nicht in der Sitzung, sondern außerhalb davon passieren. Jedoch ist es wichtig, das Ziel von der einen Sitzung zur nächsten bewusst zu haben. Entwicklungen und Veränderungen lassen sich durch größere zeitliche Intervalle besser beobachten. Auch die emotionale Abhängigkeit von Klientin zu Beraterin wird dadurch verringert. Das steigert das Selbstbewusstsein. (vgl. Mücke 2003, S. 249-259)

4. Fallbeispiel und Beratungskontext

Mein praktisches Beispiel ist im Kontext einer Einrichtung für wohnungslose Frauen in einer Großstadt (Olgastraße), die im Bereich Armut, Wohnungsnot und Schulden tätig ist. Es handelt sich um eine caritative Einrichtungen. Die meisten Frauen beziehen SGB II zur Sicherung ihres Lebensunterhaltes. Die Betreuungskosten werden durch das SGB XII der zuständigen Sozialämter finanziert. Der Ansatz der Einrichtung ist parteilich und niederschwellig. Jedoch gibt es die Pflicht einmal wöchentlich eine Beratung anzunehmen. Das Ziel ist dabei die Vermittlung in eigenen Wohnraum oder ein anderes Angebot im Hilfesystem. Die Klientinnenzielgruppe sind volljährige, alleinstehende, wohnungslose Frauen und die zumeist von Ausgrenzung, Armut, Sucht, Krankheit und Gewalt gekennzeichnet sind. Sie haben meist sehr komplexe Problemlagen wie Sucht, psychische Auffälligkeiten oder psychischen Erkrankungen, Entwicklungsstörungen und fehlende stabile Kontakte.

Dazu kommen oft Schulden, Bewährungsstrafen, Beziehungsprobleme, Erfahrung von körperlicher und psychischer Gewalt, sexuelle Übergriffe und Vernachlässigung seitens der Familie hinzu. Häufig kommen sie aus Hilfen, die als gescheitert empfunden werden oder direkt von der Straße. Ein stabiles persönliches und soziales Umfeld existiert nicht mehr. Sie sind mittellos, haben häufig keinen Schulabschluss, keine Ausbildung oder Arbeit, sind oft schon hoch verschuldet, haben Schwierigkeiten im Umgang mit Geld, mangelnde Haushaltsfähigkeiten und oft nur eine geringe Sozialkompetenz.

Ich (Sozialpädagogin) arbeite in der Partnereinrichtung zu denen die meisten Frauen vermittelt werden, wenn es Schwierigkeiten innerhalb des Hauses gibt, die Frauen besondere Auffälligkeiten zeigen oder von sich aus in eine Beratung gehen möchten.

Frau A. ist ca. 40 Jahre alt und kommt zu einer Erstberatung zu mir. Sie lebt seit ca. 0,5 Jahren in der oben genannten Einrichtung. Die weiteren folgenden Daten sind von der zuständigen Mitarbeiterin. Zuvor lebte sie bei Bekannten und auch einiger Zeit ohne einen festen Unterschlupf. Frau A. hat eine abgeschlossene Berufsausbildung in einem pädagogischen Beruf und führte bis vor ein paar Jahren ein „geregeltes" Leben. Sie hatte ein Partnerschaft, Kontakt zu den Eltern und eine feste Arbeitsstelle. Wie es genau dazu kam, dass Frau A. ihre Wohnung und Arbeitsstelle verlor, kann und möchte sie nicht genau erzählen. Sie zeigt sich in der Einrichtung eher als unauffällig und ruhig. Ist aber immer wieder stark alkoholisiert. Sie begegnet einem meist freundlich und offen. Immer wieder hat sie Phasen bei denen sie sehr häufig zu Gesprächen kommt und auch den Kontakt zu den Mitarbeitenden sucht. Dann aber auch wieder Wochen bei denen sie sich stark zurückzieht und auch häufig bei Freunden untertaucht. Frau A. geht regelmäßig mit Begleitung zum Arzt um sich krankschreiben zu lassen, da sie sonst an einer Arbeitsbeschaffungsmaßnahme teilnehmen müsste. Aus Sicht der Mitarbeitenden ist dies momentan auch nicht möglich. Ihr starker Alkoholmissbrauch hat sie körperlich sehr stark geschwächt, was auch der behandelte Arzt ihr vermittelt. Außerdem hat sie in der letzen Zeit vermehrt Besuch von Männern, die auch mit in die Einrichtung gebracht werden und auch andere Frauen belästigt werden. Dadurch kommt es immer wieder zu Streitigkeiten und Unruhen. Aufgrund dieser Streitigkeiten hat Frau A. eine Abmahnung erhalten und wird bei weiterem Verstoß eine Kündigung bekommen. Sie kommt zu diesem Erstgespräch freiwillig, hat aber indirekt einen starken Zwang und Druck. Von Frau A. ist weiter bekannt, dass neben der Angst nun wohnungslos zu werden, auch Angst hat ihre Familie zu verlieren. Nach der Trennung des Mannes und der Verlust der Wohnung und des Arbeitsplatzes entfernen sich nun auch ihre Eltern und ihre Schwester immer mehr von ihr.

5. Beratungsdialog

Die Abkürzung B. steht für Beraterin, die Abkürzung A. für die Klientin.

B. : Hallo Frau A. schön, dass Sie da sind. Haben Sie uns gleich gefunden?

A.: Ja, das hat gut geklappt.

B.: Mein Name ist Maier und ich freue mich, dass Sie zu mir kommen. Nehmen sie doch Platz wo sie möchten. Möchten sie etwas trinken?

A.: Ja gerne einen Kaffee.

B.: Bevor wir ins Gespräch kommen, würde ich Ihnen gerne kurz etwas zu unserem Ansatz und zu mir erzählen. In unsere Beratungsstelle arbeiten wir nach dem systemischen Ansatz. D.h. wir betrachten sie z.b. Frau A. als Ganzes in ihrem System. Also ihr System könnte sein, ihre Familie, Freunde, Partnerschaft und ihr Beruf. Ich bin in der Einrichtung seit einem Jahr tätig. Davor habe ich in einer Einrichtung im Bereich der Wohnungslosenhilfe gearbeitet.

A.: Achso ok.

B.: Haben Sie schon Vorerfahrungen bezüglich Beratung?

A.: Ja nach der Trennung meines Mannes war ich in einer Therapie. Naja und nun in der Einrichtung in der ich lebe gehe ich zu meiner Sozialarbeiterin wegen meinen Anträgen und so.

B.: Ahja ok. Konnten Sie diese Therapie als positiv erleben?

A.: Mhm ja geholfen hat es mir schon, aber mein Mann hat mich trotzdem nicht mehr zurück genommen.

B.: Also sie meinen es hat Ihnen persönlich geholfen?

A.: Ja das schon. Auch dann halt auch mit der Trennung um zugehen. Aber danach wurde es ja nicht mehr besser. Ich bin ja dann in der Einrichtung gelandet.

B.: Ah ok Frau A. was führt Sie denn heute genau zu mir? Welches Thema sollten wir auf jeden Fall ansprechen?

A.: Naja, es gibt so einige Probleme in der Einrichtung in der ich gerade lebe. Und meine Soziarbeiterin hat gemeint ich soll mal zu Ihnen kommen.

B.: Aha, aber Sie kommen jetzt ja freiwillig zu mir, habe ich das richtig verstanden? Nehmen wir mal eine Skala von 1-10. 1 ist, dass sie eigentlich gar nicht kommen möchten und 10 ist das sie gerne kommen möchten.

A.: Ich würde schon sagen 7. Ja naja ich habe nun schon eine Abmahnung bekommen und muss wenn ich wieder gegen die Regeln verstoße ausziehen.

Habe versucht Frau A. ankommen zu lassen und ihr eine wenig den Druck zu nehmen. Ich fand es wichtig nach den Vorerfahrungen zu fragen, da Frauen in der Wohnungslosenhilfe ja häufig schon viele Beratungserfahrungen kennengelernt haben und durch viele Raster gefallen sind. Durch die Frage was Fr. A. genau zu mir führt wollte ich von dem Thema des Ex- Mannes wegkommen, da ich den Gedanken hatte, dass diese für sie schon abgeschlossen war und nur ein Nebenschauplatz. „aber dann bin ich ja in der Einrichtung gelandet". Durch die Frage der Skalierung wollte ich nochmal schauen ob die Frau nur wegen dem Druck durch die Einrichtung kommt oder auch das Ziel hat etwas an ihrer momentanen Situation zu ändern. Eventuell das Joining noch zu erweitern, um auch noch mehr auf die Einrichtung in der Sie lebt einzugehen?

Außerdem habe ich versucht die Methode des aktiven Zuhörens anzuwenden. Auch der Klientin Wertschätzung entgegenzubringen, dass Sie zu der Beratung gekommen ist. Für mich war es auch wichtig, ihre Wirklichkeit heraus zu fragen, um mich auf Sie einzulassen und zu verstehen wo Sie momentan steht.

B.: Macht Sie dies auch Unsicher? Oder haben Sie Sorge deswegen?

A.: Ja ich will nicht wieder auf der Straße landen.

B.: Mhm verstehe. Das stelle ich mir auch wirklich sehr schwer vor. Habe ich Sie richtig verstanden, dass sie zu mir kommen, da sie Sorge haben eine Kündigung von der Einrichtung zu erhalten? Ist dies der Anlass, warum Sie gerade jetzt zu mir kommen?

A.: Naja davor habe ich schon Angst, aber in der letzen Zeit nach der Trennung meines Mannes und naja als dann alles bergab ging, sehe ich meine Eltern auch nicht mehr.

B.: Ahja , Frau A. da würde ich Ihnen vorschlagen, dass sie mir etwas mehr über ihre familiäre Situation erzählen, damit ich besser verstehen kann, welche Personen eine Rolle bei ihrem Anliegen spielen: Wäre das in Ordnung für Sie?

B.: Ja ok.

A.: Wir verwenden die Methode des Genogramms. Das ist wie eine Darstellung ihrer familiärer Beziehungen. Möchten Sie einfach mal beginnen zu erzählen?

Frau erzählt über ihren Ex-Mann und ihre Eltern. Die Eltern des Ex-Mannes sind bereits verstorben. Wichtige Freundschaften oder Bekanntschaften erwähnt Sie nicht. Sichtbar ist vor allem, dass es bisher keine Trennung innerhalb ihrer Familie gab. Außerdem, dass Frau A. keine Kinder hat. Ihre Schwester schon. Auch zeigt sich, dass Frau A.s Eltern eine eigene kleine Firma haben und das ihre 2 geborene Tochter diese übernimmt. Fr. A. dagegen hat einen pädagogischen Beruf erlernt. Sichtbar ist, dass es bisher keine Suchterkrankungen in der Familie gab oder wenn dann verschwiegen wurde. Das Genogramm wird mit Frau A. gemeinsam besprochen.

Hypothesen könnten dabei sein.

- *Frau A. hat das Gefühl nichts mehr wert zu sein, da sie alles verloren hat.*
- *Erhält keine Anerkennung und Akzeptanz der Eltern erst bei der Berufswahl, dann bei Trennung.*
- *Andere Tochter wird bevorzugt. A. fühlt sich zurückgestoßen und einsam.*
- *Frau A. zeigt sich depressiv.*
- *Alkohol als Rettungsbucht in ihrer momentanen Situation. Gibt ihr Sicherheit.*

Ich habe diese Methode gewählt, ob die Situation zu konkretisieren und auch Fr. A. ihr System zu visualisieren. Dies soll ihr helfen ihr Anliegen klarer zu sehen. Vor allem im Falle von Frau A. die eine sehr komplexe Problemlage hat. Wohnungsverlust, Trennung, wenige Kontakte etc. Außerdem kann dies auch gemeinsame Ausgangsbasis für die Beratung schaffen.

B.: Frau A. ich würde das Genogramm zu ihren Unterlagen legen und an geeigneter Stelle können wir nochmals daran arbeiten.

A.: Ok

B.: Frau A. Sie hatten vorher von der Angst gesprochen, etwas zu verlieren. Was befürchten Sie wen oder was sie verlieren? *(Schlüsselbegriffe aufgreifen)*

A.: Ich denke, dass ich nun auch noch meine Eltern und meine Schwester verlieren werde.

B.: Was gibt ihnen das Gefühl, ihre Familie zu verlieren?

A.: Naja seit dem ich hier leben muss, wollen die gar nichts mehr von mir wissen. Und ich hab ja niemanden mehr.

B.: Haben Sie das Gefühl nicht mehr so sehr in der Familie integriert zu sein?

A.: Ja sehr ich bin jetzt eben ganz alleine.

B.: Gibt es auch Zeiten wo sie nicht das Gefühl haben alleine zu sein? *(Fragen nach Ausnahmen)*

A.: Ja wenn meine Schwester alleine zu mir kommt oder wir uns treffen.

B.: Ahja sehen sie sich denn häufiger?

A. : Ja wenn Sie in der Firma nicht so eingespannt ist.

B.: Achso, das ist die Firma ihrer Eltern, wo ihre Schwester auch mitarbeitet?

A.: Ja und da ist immer viel los, deswegen hat sie nicht so viel Zeit und meine Eltern kommen eigentlich nie.

B.: Haben Sie eine Idee warum ihre Eltern nicht kommen?

A.: Die wollen nichts mehr von mir wissen. Denke auch die schämen sich für mich.

B.: Was tun ihre Eltern, wenn Sie Ihnen dieses Gefühl geben? *(Fragen nach Verhalten)*

A.: Naja die blocken eben ab, kommen nicht vorbei und sagen dann ich sei Faul und aus mir sei nicht geworden.

B.: Oh Frau A. das ist sicherlich schwer. Was denken Sie, wie würden sich ihre Eltern fühlen, wenn Sie ihnen dies sagen würden? *(zirkuläres Fragen)*

A.: Ich denke die wären schon auch traurig aber die sind auch zufrieden mit Marion, die ja in der Firma ist.

In diesem Abschnitt habe ich versucht einige Fragetechniken anzuwenden, um das Problem näher zu erfahren. Für mich wird dabei immer sichtbarer, dass das eigentliche Problem stark mit der Beziehung zu den Eltern zusammen hängt. Auch habe ich versucht einige Hypothesen einzubauen. Für mich sind wir schon an dem Bearbeitungsprozess angelangt.

B.: Haben Sie das Gefühl, dass ihre Schwester mehr Anerkennung bekommt? *(Hypothetische Frage)*

A.: Ja meine Eltern wollen mich ja auch nicht mehr als ihre Tochter sehen und kommen mich nie besuchen. Sie sagen auch immer, ich sei faul.

B.: Mhm, Frau A. sie hatten ja berichtet, dass sie früher als pädagogische Fachkraft gearbeitet haben. Zu diesem Zeitpunkt waren Sie ja sicherlich in den Augen ihrer Eltern nicht faul oder?

A.: Naja ich war schon immer die Ausnahme in der Familie.

B.: Haben Sie eine Idee, wie Sie denn Begriff von Faulheit noch deuten könnten oder wie sehen sie sich selbst? *(Reframing)*

A.: Ich versuche auch ab und zu mal abzuschalten und Zeit für mich zu nehmen, zumindest habe ich das früher immer versucht.

B.: Ahja für mich hört sich das so an, dass sie sich auch gerne auf das Wesentliche konzentrieren und sich entspannen. Gerne würde ich da am Ende nochmals darauf zurück kommen.

A.: Ja das stimmt, Entspannung hat mir immer gut getan nach der Arbeit.

B: Frau A. kennen Sie weitere Kraftquellen, die Ihnen helfen oder geholfen haben?

(an Ressourcen anknüpfen)

A.: Ja meine Familie war immer eine Kraftquelle, vor allem meine Schwester. Aber auch die Arbeit mit Kindern und das kreativ sein.

B.: Frau A. sie scheinen mir gerade sehr berührt, was beschäftigt Sie?

A.: Ach wie alles so gelaufen ist.

B.: Was genau meinen Sie damit, den Verlust des Arbeitsplatzes oder das Verhältnis zu ihren Eltern?

A.: Naja eigentlich alles.

B.: Frau A. lassen Sie mich mal überspitzt fragen, ob Sie das Gefühl haben zurück gewiesen zu werden in ihrer Familie? (Hypothese)

A.: Ja meine Schwester wurde schon immer bevorzugt. Jetzt auch noch mehr seit dem sie in der Firma mitarbeitet und ja alles so gut macht.

B.: Wie zeigt sich das, dass ihre Schwester bevorzugt wird?

A.: Sie ist eben immer der Liebling. Verheiratet, Kinder und alles.

B.: Haben ich sie richtig verstanden, dass es schon früher in ihrer Familie so war, dass sie das Gefühl hatten, das ihre Schwester bevorzugt wurde? *(Hypothese konkretisieren)*

A.: Ja das war schon immer so. Sie war immer in der Schule besser, hatte mehr Freunde und meine Eltern mochten Sie einfach mehr.

B.: Wie geht es Ihnen damit, wenn Sie so über ihre Familie und ihr Verhältnis sprechen?

A.: Ich bin da schon sehr traurig und wütend.

B.: Gibt es auch Situationen wo Sie nicht das Gefühl haben?

A.: Ja manchmal wenn wir alle so zusammen sind und meine Eltern sich darüber freuen, dass wir bei Ihnen zuhause sind.

B.: Haben Sie eine Vorstellung, was dann anders ist?

A.: Das weiß ich nicht genau.

B: Ok, Frau A. ja verstehe. Frau A. Ich würde wirklich sehr gerne weiter an diesem Thema mit Ihnen arbeiten. Angesicht der Zeit müssen wir das aber nächste Woche besprechen. Ist das in Ordnung?

In diesem Anschnitt war für mich neben der Hypothesenbildung auch das Reframing wichtig. Auf die bisherigen Hypothesen wurden von Frau A. kaum eingegangen. Besonders wollte ich aber auch auf meine Haltung eingehen. Für mich war diese der schwierigste Teil, da ich mich zwar emotional schon sehr darauf eingelassen hatte, aber mir die Person vor Augen doch sehr gefehlt hat. Ich wollte Frau A. wertschätzend behandeln, d.h. Sie ernst zu nehmen, mir Zeit dazu zunehmen, sie deswegen auch manchmal noch auszubremsen und nochmals nachzufragen, zuhören und Interesse haben. Auch habe ich versucht Allparteilichkeit zu sein und ihre Eltern nicht in ein schlechtes Licht zu rücken, sondern dies zu akzeptieren. Auch war es mir wichtig, die Ressourcen von Frau A. für Sie sichtbar zu machen. Es war aber sehr schwer an die Wurzel des Problems ran zu kommen und für mich bei einem Erstgespräch kaum möglich.

B.: Frau A. da wir jetzt am Ende unsere ersten Sitzung angekommen sind. Möchte ich kurz unser Gespräch zusammenfassen und mit Ihnen überlegen, wie die nächsten Sitzungen aussehen könnten. *(Inhalt wird zusammengefasst)*

Angenommen es gäbe noch weitere Themen, woran würden Sie denn gerne die nächste Sitzung arbeiten?

A.: Ich würde gerne daran arbeiten wollen, die Situation mit meinen Eltern etwas lockere zu sehen.

B.: Ahja. Das klingt doch sehr interessant. Gerne können wir das kommende Woche konkretisieren. Hätten sie sich noch etwas anderes gewünscht in der Beratung?

A.: Für mich war das in Ordnung so.

B.: Was soll denn am Anschluss unseres Treffens passieren?

A.: Naja ich habe mir schon vorgenommen meine Schwester häufiger zu treffen. Und vielleicht spreche ich doch nochmals mit meiner Sozialarbeiterin wegen einer Suchtherapie.

B.: Ahja Frau A. da würde ich Ihnen wünschen, dass sie mehr Kontakt herstellen können. Ich habe auch noch einige Überlegungen zur nächsten Sitzung getroffen. Meine Idee wäre, dass sie Rituale einführen z.b. nach dem Aufstehen oder dann wenn Sie was Gefühl haben, dass es ihnen schlechter geht. Z.B. eine Kerze anzünden. Wäre das vorstellbar.

A.: Ja das kann ich versuchen.

B.: Wäre es für Sie Fr. A auch möglich einen Brief zu schreiben, der an ihre Eltern adressiert ist, sie aber diesen nicht abschicken müssen?

A.: Ja das würde ich gerne versuchen. Das hilft mir vielleicht, dass alles mal los zu werden.

B.: Schön Fr. A haben Sie denn noch Fragen oder Anmerkungen?

A.: Nein ich mache dann einfach einen Termin vorne aus.

B.: Ja genau, dann wünsche ich ihnen eine gute Zeit bis dahin. Tschüss

A.: Vielen Dank

Bei dem letzen Abschnitt wollte ich die Klientin noch verabschieden und die wichtigsten Punkte zusammen fassen, auch um nochmals Rückfragen zu stellen oder um Frau A. die Möglichkeit zu geben, Dinge nochmals anders darzustellen, wenn ich es falsch verstanden habe. Ich wollte ihr einen Ausblick geben, wie wir weiter arbeiten können, ob sie das überhaupt möchte und ihr Hausaufgaben aufzugeben. Dabei kann sie sich selbst auch als Einflussmöglichkeit im Prozess wahrnehmen. Sie soll auch nochmals Wertschätzung und Anerkennung für den bisherigen Prozess erhalten. Meine Idee war, dass die Intervention ein Ritual ist. Um Sie und ihr System zu stabilisieren.

Der Fall bei Frau A. war so aufgebaut, dass sie sehr viele Problemlagen um ihre eigentliche Schwierigkeit herum hat. Die Trennung des Mannes, der Verlust des Arbeitsplatzes. Die eigentliche Schwierigkeit ist aber, dass Frau A. sich von ihren Eltern immer zurückgestoßen gefühlt hat, immer das Gefühl hatte weniger wert zu sein, es einfach nicht so gut zu können wie ihre Schwester. Ihre negativen Gefühle sind bis heute eher auf ihre Eltern gerichtet und nicht auf ihre Schwester. Mit dem Konsum von Alkohol etc. versucht Sie dieser Leere zu überwinden. Auch kann Frau A. kaum eine dauerhafte Beziehung eingehen und ist lieber für sich alleine.

6. Schluss/ Reflexion

Das Thema der systemischen Beratung hat sich sehr angesprochen. Die Betrachtung der Menschen in ihrem System hat mich beeindruckt. Das die Menschen Symptomträger sind bzw. zu diesen werden wenn das System ins Wanken gerät fand ich besonders interessant. Mir wurde in der Beratung auch immer bewusste, in wie vielen Systemen wir eigentlich aktiv sind und wie schwer es sein kann an dieser Komplexität zu arbeiten.

Ich fand diese Methode eine Hausarbeit so zu schreiben, als würde ich das Gespräch mit der Frau wirklich führen sehr sinnvoll. Ich konnte nach und nach immer mehr in die Situation eindenken. Oft fiel es mir schwer, eine bestimmte Struktur des Gesprächs durchzuführen, dabei zu bleiben und nicht alle Gedanken auf einmal abzufragen.

Das Seminar empfand ich als sehr gelungen. Es entstand eine positive Atmosphäre die mir persönlich sehr viel Spielraum und Motivation gab. Das selbständige Ausprobieren in der Kleingruppe als Beraterin, Beobachterin oder Klientin fand ich sehr spannend. Mich selbst in der Rolle als Beraterin zu erleben gab mir am meisten Lernerfolg. Durch den theoretischen Input und auch das Beobachten hatte man schon viele Gedanken im Kopf. Trotzdem fand ich die aktive Umsetzung oft anstrengend. Nur durch häufiges Wiederholen konnte man dann auch Sicherheit und Erfolg erfahren.

Angesprochen hat mich vor allem das Genogramm das ich aus vorigem Semester kannte. Mir wurde vor allem im Seminar bewusst, wie viel dies über eine Menschen aussagt und welche Verbindungen sich durch eine Familie etc. ziehen. Auch das Familienbrett finde ich eine sehr ansprechende Methode zur Visualisierung. Oft viel es mir schwer, Hypothesen zu bilden, da ich oft das Gefühl hatte, dies in ungünstigen Momenten zu tun und die Klientin dadurch zu verunsichern oder ihr das Gefühl zu geben, dass meine Annahme richtig ist. Das Joining am Beginn hat mich auch sehr angesprochen, wobei ich es schwer fand, die Klientin schon recht früh zu fragen, was denn genau ihr Anliegen ist. Ich hätte oft noch mehr Informationen zur Person gebraucht.

Da ich selbst in einer Einrichtung der Wohnungslosenhilfe gearbeitet habe und mir bei Gesprächen oft die Struktur und die Klarheit im Gespräch gefehlt hat, konnte ich sehr viel für meine zukünftige berufliche Entwicklung mitnehmen.

7. Literaturverzeichnis

Brüggemann, Helga; Klütmann, Christopher (2012): Systemische Beratung in fünf Gängen; Ein Leitfaden, V&R Verlag: Göttingen

Conen, Marie-Luise; Cecchin, Gianfanco (2011): Wie kann ich Ihnen helfen, mich wieder los zu werden? Therapie und Beratung mit unmotivierten Klienten und im Zwangskontext, Carl- Auer Verlag: Heidelberg

Gillich, Stefan (2010): Von der Armenhilfe zur Wohnungslosenhilfe- und zurück? Triga Verlag: Gründau

Mayhofer, Hemma (2012): Niederschwelligkeit in der Sozialen Arbeit: Funktionen und Formen aus soziologischer Perspektive, Springer VS: Wiesbaden

Mücke, Klaus (2003):Probleme sind Lösungen, Systemische Beratung und Psychotherapie- ein pragmatischer Ansatz-, Ökosysteme Verlag: Potsdam

Schwing, Rainer; Fryszer, Andreas (2013): Systemische Beratung und Familientherapie: kurz, bündig, alltagstauglich, V&R Verlag: Göttingen

Schwing, Rainer; Fryszer, Andreas (2009): Systemisches Handwerk; Werkzeug für die Praxis, V&R Verlag: Göttingen

Sonstige Angaben:

http://www.hahnzog.de/systemische_therapie/setting [25.04.2014]

http://systemische-professionalitaet.com/download/schriften/00-schluesselbegriffe.pdf [24.04.2014]